Tout savoir sur les ANIMAUX et leurs lieux de vie

Ouvrage publié pour la première fois en 2018 sous le titre *Animal habitat*,
par Ant's book.

Textes : Ilaria Barsotti
Traduction : Alice Gallori
Direction éditoriale : Hélène Tellier
Suivi éditorial : Océane Deruaz
PAO : Francis Rossignol, Isabelle Véret
Photogravure : Bertrand Desboudard

ISBN : 9782366535976
Dépôt légal : septembre 2019

Achevé d'imprimer : août 2019
Imprimé en Italie par Stige arti grafiche

Tout savoir sur les ANIMAUX et leurs lieux de vie

Grenouille éditions

La forêt à feuilles caduques

Pendant les mois les plus chauds de l'année, ce type de forêt abrite de nombreux animaux. À l'automne, quand les feuilles tombent, les premiers froids poussent certains habitants à migrer vers des régions plus chaudes, tandis que d'autres se préparent à hiberner.

Cerf

Les longues cornes des cerfs mâles, les bois, tombent et repoussent chaque année au printemps. Lors de la saison des amours, les rivaux s'affrontent dans des duels spectaculaires.

Le blaireau sort la nuit pour se nourrir de petits animaux, de racines et de fruits. De jour, il se cache dans un dédale de galeries souterraines qui lui sert de refuge.

Blaireau

Hérisson

En cas de menace, le hérisson se roule en boule et utilise ses longs piquants pour se défendre contre les prédateurs.

Silencieux et timide, le renard est difficile à repérer dans le sous-bois. Il reste caché la journée et sort la nuit pour chasser. S'il manque de proies, il peut approcher des basses-cours pour se nourrir, mais il devient encore plus prudent et soupçonneux.

Renard

Écureuil

L'écureuil vit dans les branches les plus éloignées du sol, où il cherche des noix et des châtaignes. À l'automne, il hiberne pour mieux résister au froid.

De nombreux animaux se réfugient dans des nids creusés dans le tronc des arbres.

Un « toc toc » répété retentit dans la forêt ? Pas de doute, le pic épeiche est là. Il martèle l'écorce des arbres de son bec pour agrandir les galeries creusées par les larves et manger des insectes.

L'environnement alpin

En altitude, les bois de sapins et de mélèzes laissent la place à de petits buissons et à des arbres nains, puis à la neige et aux glaciers. Les animaux et les plantes ne semblent se réveiller que pendant les courts mois d'été.

Grand tétras

Le grand tétras entame son chant d'amour lors de la fonte des neiges, en avril, pour attirer les femelles. La saison des amours est rapidement suivie par la naissance des poussins.

Lièvre variable

Le lièvre variable fait partie des animaux changeant de couleur de pelage en fonction de la saison, ce qui lui permet d'échapper aux prédateurs.

Chamois

Les chamois règnent sur les sommets, là où la nourriture se fait rare. Les femelles et les jeunes vivent en petits groupes intrépides qui sautent sans peur par-dessus les précipices, tandis que les vieux mâles occupent les rochers les plus élevés, où personne ne peut les déranger.

Hermine

La couleur de la fourrure de l'hermine change en fonction de la saison : brune en été, elle devient blanche en hiver.

L'aigle règne en maître sur les pics les plus élevés.

La sittelle cherche des insectes sur les troncs.

Le plumage des perdrix change aussi au fil des saisons.

Avec ses longues cornes, le bouquetin a l'air fier et combattif. Les mâles adultes sont toujours prêts à se défier pour décider qui dirigera le troupeau. Même s'ils se battent souvent, ils ne se blessent jamais gravement.

Les marmottes sont toujours aux aguets pour se réfugier dans leur terrier si un aigle apparaît.

Le maquis méditerranéen

Les côtes européennes de la Méditerranée sont occupées par des broussailles épaisses, le maquis. Le climat chaud et sec en été devient froid et venteux en hiver. De nombreuses espèces d'oiseaux vivent ici toute l'année et beaucoup d'autres s'y arrêtent pendant leur migration.

Autrefois, le lynx était présent dans plusieurs régions du maquis méditerranéen. Le recul progressif des espaces boisés a énormément réduit les populations de ce félin se nourrissant de petits mammifères et d'oiseaux.

Le lièvre occupe bien des régions du monde, des forêts les plus froides au maquis en passant par les prés et les champs agricoles. Il ressemble à un lapin, mais il est plus rapide. Il utilise sa vitesse pour essayer d'échapper à ses nombreux prédateurs.

En été et en automne, le petit muscardin cherche activement sa nourriture et double son poids. Il accumule ainsi des réserves pour affronter sa longue hibernation.

Le sanglier est l'un des animaux les plus communs du maquis.

Les tortues creusent des terriers pour hiberner.

Martin-pêcheur

Le martin-pêcheur aux couleurs éclatantes vit près des cours d'eau. Il patiente pendant des heures avant de plonger vers le poisson qu'il a repéré.

Magot

Les magots qui vivent à Gibraltar sont les seuls singes libres de l'Europe méditerranéenne. Ils habitent là depuis des années et personne ne sait comment ils s'y sont installés.

Daim

Le daim est plus petit que le cerf, mais il a de plus grands bois et il garde son manteau tacheté à l'âge adulte. Son pelage, brun-roux l'été, devient plus foncé et long en hiver. Cet animal timide vit en groupes réunissant parfois de nombreux individus dans les forêts du nord de l'Europe.

Les littoraux sableux

À marée basse, la mer découvre de grandes étendues où l'on peut voir les traces de bien des animaux. De petits crabes se déplacent rapidement entre les flaques, les arénicoles se cachent sous une fine couche de sable et de nombreux oiseaux cherchent leur nourriture.

Huîtrier pie

L'huîtrier pie préfère nicher le long des littoraux sableux, près de l'embouchure des fleuves, où il trouve plus facilement les vers et les petits mollusques dont il se nourrit.

Bernard-l'hermite

Tu rencontreras parfois un drôle de crustacé sur la plage : le bernard-l'hermite. Sa tête et ses pinces dépassent du coquillage dans lequel il s'est installé pour protéger son corps, qui n'a pas de carapace.

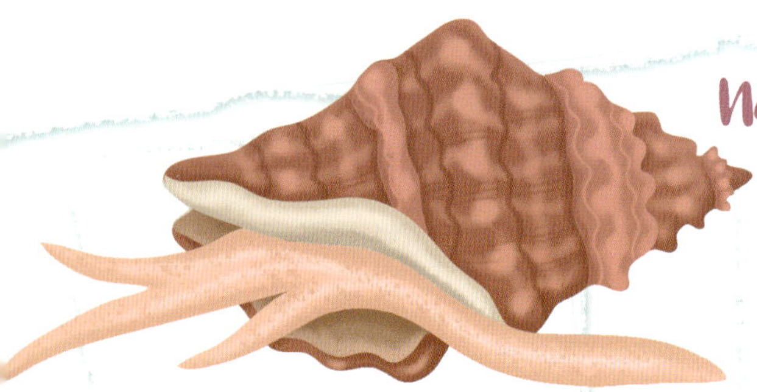

Nassarius

Les escargots nassarius ont des coquilles en forme de spirale.

Crabe

Le crabe a une carapace robuste et de puissantes pinces pour se protéger de ses ennemis. Malgré ces défenses, il se déplace discrètement sur le fond marin.

De nombreux poissons au corps plat, comme le flet d'Europe, et coquillages, comme les robustes coques, se cachent sur les fonds marins

L'anguille naît dans l'océan, mais s'aventure ensuite dans des eaux moins profondes pour trouver une lagune où vivre pendant des années. À l'âge adulte, elle repart en sens inverse pour se reproduire sur son lieu de naissance.

Les cours d'eau

Les cours d'eau de tous les continents offrent refuge et nourriture à de nombreuses espèces animales. Certaines vivent dans l'eau ou le long des rives des fleuves et des ruisseaux toute l'année, d'autres ne s'y installent qu'à certains moments, par exemple pendant la nidification.

Avec leur long corps et leurs pattes courtes, les loutres sont d'excellentes nageuses et passent la plupart de leur temps dans l'eau. Ces mammifères chassent les poissons et les amphibiens plusieurs heures par jour.

Le raton laveur est un mammifère vivant le long des cours d'eau. Il a la curieuse habitude de plonger sa nourriture dans l'eau avant de la manger, d'où son nom. Pourtant, il ne semble pas particulièrement intéressé par la propreté.

Quand les eaux des fleuves ralentissent, elles forment des zones marécageuses, l'habitat idéal pour de nombreux oiseaux. Le grèbe huppé construit son nid dans les étendues de roseaux qui bordent les rivières d'Europe, où la nourriture est abondante.

Les restes des troncs rongés par les castors sont visibles le long des fleuves d'Amérique du Nord.

Les saumons remontent les fleuves à contre-courant pour se reproduire là où ils sont nés.

Les barrages des castors sont des chefs-d'œuvre d'ingénierie. Ils permettent de réguler la vitesse de l'eau du fleuve afin de créer de petits lacs où les animaux construisent leurs tanières.

Les amphibiens pondent leurs œufs dans les eaux stagnantes, des endroits sans courant.

Le castor est difficile à repérer car il ne travaille généralement que la nuit. Il est doté de puissantes mâchoires et d'incisives très robustes pour ronger les troncs et arracher l'écorce qu'il utilise pour construire son nid.

Les montagnes Rocheuses

La partie occidentale de l'Amérique du Nord est traversée par une grande chaîne de montagnes, les Rocheuses. Malgré le climat rigide, de nombreux animaux occupent ce territoire sauvage.

Pygargue

Le pygargue à tête blanche est le symbole des États-Unis. Ce grand rapace au plumage particulier a une envergure de plus de 2 m.

Wapiti

Le wapiti ressemble beaucoup au cerf européen. En automne, les mâles se battent furieusement avec leurs bois pour conquérir les femelles et se reproduire.

Élan

L'élan vit dans les forêts du sud et est le plus grand cerf. À l'âge adulte, le mâle peut mesurer plus de 2 m au garrot.

Puma

L'ours noir, le baribal, est l'ours le plus répandu en Amérique du Nord.

Moufette

Le puma chasse en se cachant et en attaquant ses proies par surprise. Ce gros félin privilégie les proies de grande taille, mais doit parfois se contenter de lièvres et de souris.

La moufette est un carnivore ressemblant à la loutre et au castor. Son pelage est noir avec des taches blanches sur le front et le long du corps. Si elle se sent menacée, elle projette un liquide malodorant sur son agresseur.

La prairie américaine

Délimitée à l'est et à l'ouest par des montagnes qui arrêtent les nuages provenant des océans, la plaine centrale d'Amérique du Nord est une région plutôt aride. Malgré les faibles pluies, le climat n'est pas non plus assez sec pour en faire un désert et de nombreux animaux vivent ici.

Antilocapre

L'antilocapre, ou antilope d'Amérique, peut réaliser des bonds de plus de 6 m de long. C'est l'animal le plus rapide de la prairie, ce qui lui permet d'échapper aux coyotes et aux loups.

Bison

Autrefois, d'immenses troupeaux de bisons parcouraient la plaine pour se nourrir et s'abreuver au rythme des saisons et des migrations. Après la chasse impitoyable dont ils ont été victimes lors de la conquête de l'Ouest, ces gros mammifères sont maintenant protégés et vivent dans les grands parcs nationaux.

Les terriers creusés par les chiens de prairie peuvent devenir le refuge d'habitants dangereux.

Tamia

Coyote

Le coyote ressemble à un louveteau et vit en meute. Toujours à la recherche de nourriture, il chasse les antilocapres et les chiens de prairie, mais ne dédaigne pas de plus petites proies.

Le désert américain

Aride et écrasé de chaleur, le désert américain est dépeuplé pendant les heures les plus chaudes de la journée. Mais le soir, dès que l'obscurité apporte un peu de fraîcheur, tous les habitants sortent de leur tanière.

Renard nain

Le plus petit renard américain vit la nuit. Il chasse de petits animaux, comme les lézards. Pour repérer ses proies dans le noir, il se sert de ses grandes oreilles, qui peuvent percevoir les bruits les plus discrets.

Tortue du désert

La tortue du désert se protège contre les prédateurs grâce à sa carapace épaisse et robuste. Durant les heures les plus chaudes, elle se cache dans des creux dans le sol.

Monstre de Gila

Les couleurs vives du monstre de Gila mettent en garde les prédateurs : sa morsure est venimeuse et il vaut mieux passer son chemin.

Scorpion

Le serpent corail a des écailles brillantes et colorées. Malgré sa petite taille, c'est un prédateur redoutable. Il chasse de jour et utilise sa morsure très venimeuse pour paralyser et tuer ses proies.

Serpent corail

Les terriers sont d'excellents refuges pour échapper à la chaleur et aux prédateurs.

Grand géocoucou

Le grand géocoucou est un oiseau qui ne vole quasiment jamais. Ses pattes robustes lui permettent de courir très vite et sa longue queue l'aide à garder son équilibre.

Les marécages de Floride

Les côtes très découpées de la Floride accueillent d'immenses marécages dont émergent des îlots de sable et des étendues de mangroves impénétrables. L'été, des fleurs de toutes les couleurs s'épanouissent dans le feuillage vert et de nombreux oiseaux cherchent de la nourriture pour leurs petits.

Pélican

Le pélican n'a qu'à plonger dans les eaux peu profondes pour récolter un bon repas. Après quelques secondes, il ressort de l'eau, la grande poche sous son bec remplie de petits poissons.

Comme de nombreux oiseaux des marécages, les cormorans sont d'excellents pêcheurs.

Spatule

Les spatules blanches marchent dans les fonds boueux comme si elles avaient des échasses. Leur drôle de bec au bout aplati leur permet de remuer la vase à la recherche d'escargots, de larves et de petits poissons. Autrefois, ces oiseaux se comptaient par millions, mais ils sont beaucoup moins nombreux aujourd'hui.

Alligator

L'alligator du Mississippi est le seul crocodile d'Amérique du Nord. Il fréquente les cours d'eau, les étangs et les marécages, où il creuse de profonds trous qui restent pleins d'eau même en période de sécheresse. Quand les poissons et les tortues s'y réfugient, l'alligator n'en fait qu'une bouchée.

De nombreuses espèces d'échassiers privilégient les eaux peu profondes.

Le lépisosté osseux appartient à une espèce qui remonte à l'époque des dinosaures.

Lamantin

Avec leur appétit insatiable et leur poids de plus d'une demi-tonne, les lamantins sont de véritables tondeuses à gazon : ils peuvent engloutir plus de 30 kg de jacinthes et d'autres plantes aquatiques par jour. Ces mammifères n'ont pas de pattes arrière, mais leur grosse queue plate leur permet de nager. Très placides, ils se réunissent souvent en groupe pour brouter dans les eaux des chenaux.

La forêt amazonienne

L'Amazone serpente dans la plus grande forêt tropicale humide de la planète. Le climat chaud et la forte humidité favorisent la croissance des plantes, qui abritent des milliers d'animaux. Ce paradis naturel réunit la plus grande diversité d'espèces au monde.

Ara macao

L'ara rouge est un des plus grands perroquets de la forêt. Son plumage a des couleurs éclatantes et sa queue est très longue. Il se nourrit de noix dont il casse la coquille grâce à son gros bec crochu. Il possède deux doigts tournés vers l'avant et deux tournés vers l'arrière à chaque patte, ce qui lui permet de s'agripper solidement aux branches.

Anaconda

L'anaconda est très grand : il peut atteindre les 10 m de long. Ce serpent n'est pas venimeux. Il s'enroule plusieurs fois autour de sa proie pour l'étouffer.

Piranha

Les bancs de piranhas sont à l'affût dans l'eau. Voraces et féroces, ils sont prêts à attaquer n'importe quel animal, même s'il est très grand. Des centaines de poissons peuvent dévorer leur victime en quelques minutes en ne laissant que son squelette.

Le plumage des toucans peut être aussi voyant que celui des perroquets, mais on les reconnaît surtout à leur énorme bec. Volumineux et léger, celui-ci est creux et possède de minces morceaux de cartilage qui le rendent plus résistant. Grâce à cet instrument, le toucan peut se nourrir de fruits poussant sur des branches trop fines pour supporter son poids.

Toucan

Quetzal

Les forêts d'Amérique Centrale accueillent un oiseau au plumage si brillant que même les perroquets d'Amazonie pourraient le jalouser. C'est le quetzal. Cette espèce était considérée comme divine par les anciennes populations d'Amérique Centrale, qui y voyaient l'incarnation d'un de leurs dieux, le serpent à plumes. Les plumes de sa queue étaient utilisées pour former les couvre-chefs des cérémonies sacrées.

Le long de l'Amazone

La harpie survole les cimes des arbres pour chasser les singes et les perroquets.

Le sommet des plus grands arbres dépasse la canopée de la forêt de 50 m. Environ 20 m plus bas se trouve une épaisse couche de feuillages. Encore plus bas, à environ 15 m du sol, existe un troisième étage de végétaux. Le sol est quant à lui recouvert d'herbes et de buissons qui abritent d'innombrables espèces.

Grenouilles

Le corps des tatous est protégé par une épaisse cuirasse d'écailles. Certaines espèces peuvent se rouler en boule pour se défendre contre les prédateurs. Généralement, ces animaux cherchent des fourmis et des termites en creusant dans le sol avec les robustes griffes de leurs pattes avant.

Tatou

Il existe de très nombreuses espèces de fourmis. Les fourmis coupe-feuille, par exemple, ont l'habitude de transporter des feuilles jusqu'à leur nid. Une fois entrées dans les galeries de la fourmilière, elles découpent les feuilles en morceau, les mélangent à leur salive et les utilisent pour cultiver les champignons dont elles se nourrissent.

Fourmis

Vifs et bruyants, les singes sont nombreux dans la forêt. Certaines espèces sont légères et acrobatiques, d'autres ont un corps plus lourd, comme les singes hurleurs, dont le cri peut être entendu à des kilomètres de distance. Presque tous les singes sont actifs pendant la journée et se déplacent entre les branches à la recherche de fruits et de bourgeons.

Colibri

Le colibri est l'oiseau le plus remarquable de la forêt. Il est tellement petit qu'on peut le prendre pour une abeille et il a de superbes plumes colorées aux reflets métalliques. En vol, il peut battre des ailes jusqu'à 200 fois par minute.

Jaguar

Le jaguar, le plus gros félin d'Amérique du Sud, a un superbe pelage tacheté. Cet animal solitaire vit au cœur de la forêt, près des cours d'eau. C'est un excellent nageur qui se nourrit, entre autres, de poissons, de reptiles aquatiques et même de petits caïmans.

Au sommet des Andes

La cordillère des Andes est la plus grande chaîne de montagnes au monde. De nombreux sommets sont des volcans éteints ou actifs qui abritent des lacs aux eaux limpides et glaciales. Les animaux peuplant les hauts plateaux jusqu'aux latitudes les plus élevées ont appris à résister aux températures rigides et au manque d'oxygène.

Condor

Le condor est un gros rapace d'une envergure de plus de 3 m. Sa tête est plutôt petite et son cou ne porte pas de plumes, ce qui lui permet de manger la chair de ses proies sans se salir. En temps normal, il se nourrit de charognes et n'attaque des animaux encore vivants que rarement.

Tapir

Le tapir des Andes vit dans les bois au pied des montagnes. Il ressemble à un cochon. Son nez rappelant la trompe d'un éléphant lui permet de cueillir les feuilles dont il se nourrit. Il a beaucoup de prédateurs et il doit donc toujours être aux aguets pour se sauver.

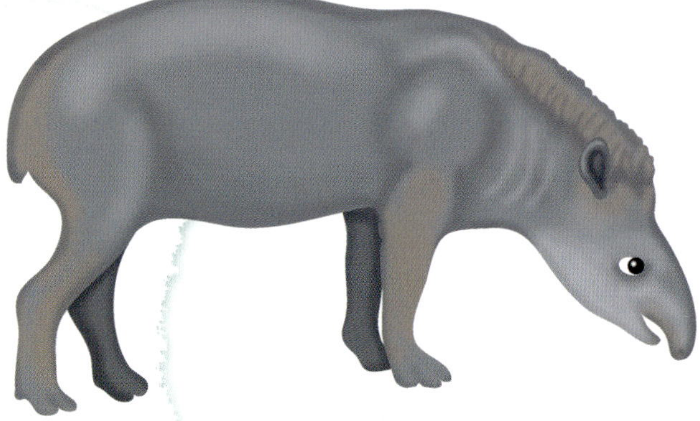

Le plus grand colibri au monde vit dans les Andes. Pour supporter le froid intense, il réussit à baisser sa température corporelle et économise ainsi de l'énergie.

Alpaga

L'alpaga est un parent du chameau. Son long pelage le protège du froid. Il est facile à domestiquer et est élevé pour son poil soyeux.

Vigogne

La vigogne vit uniquement au-dessus de 3 500 m d'altitude. Son poil très fin était déjà apprécié par les Incas, qui l'utilisaient pour les vestes royales. Sa laine coûte très cher car chaque animal en produit environ 250 g tous les deux ans.

Chinchilla

Ce rongeur ressemble à un lapin et vit dans les régions les plus inaccessibles, jusqu'à 4 000 m d'altitude. Il se protège du froid grâce à sa fourrure douce et épaisse et en se réfugiant dans son terrier.

Les Galapagos

Les îles Galapagos font partie d'un archipel de l'océan Pacifique situé à 1 000 km de l'Amérique du Sud. Isolées et difficiles d'accès, elles sont habitées par des animaux à l'aspect unique.

L'iguane marin ressemble à un gros lézard de plus d'un mètre de long. Sa tête et son épine dorsale sont recouvertes de petits pics qui forment une crête.

Iguane

Quand les premiers navigateurs espagnols ont débarqué sur ce groupe d'îles du Pacifique, ils les ont appelées Galapagos à cause de la présence d'énormes tortues qui portent ce nom en espagnol. Chaque île est habitée par une espèce avec une forme de carapace adaptée à ses conditions de vie.

Tortue géante

Frégate

Le mâle de la frégate possède une poche rouge en peau qu'il gonfle pour attirer les femelles durant la saison des amours. Cet oiseau a pour habitude de voler les repas d'autres volatiles en les attaquant une fois qu'ils ont attrapé leur nourriture.

Les Galapagos sont des îles d'origine volcanique.

Les animaux des Galapagos ont inspiré à Charles Darwin sa célèbre « théorie de l'évolution ». Le naturaliste anglais a commencé à formuler ses hypothèses scientifiques en observant les légères variations existant entre des individus de la même espèce vivant dans des îles différentes.

Le manchot des Galapagos est la seule espèce de manchot vivant près de l'Équateur. Il peut survivre à une telle distance de l'Antarctique car ces îles sont longées par un courant d'eau glaciale en provenance du pôle Sud, dans lequel il trouve sa nourriture.

Les prairies de la pampa

La pampa occupe une vaste région d'Amérique du Sud aride et battue par les vents. Ces conditions environnementales difficiles empêchent la croissance de grands arbres. De nombreux animaux doivent s'abriter dans la terre.

Le sous-sol dissimule de nombreux terriers.

Fournier roux

Le fournier roux doit son nom à son nid rond en boue, qui a la forme d'un four en terre cuite. Les arbres étant très rares dans la région, il bâtit souvent son nid sur des poteaux ou des barrières.

Nandou

Le nandou est un grand oiseau des pampas. Il est incapable de voler, mais peut atteindre les 50 km/h à la course. Le mâle s'occupe du nid et attaque avec courage quiconque menacerait sa couvée.

Fourmilier

Le fourmilier est un drôle d'animal au très long museau se terminant par une petite bouche. Il sort sa longue langue flexible pour attraper des fourmis et des termites. Pour trouver suffisamment de nourriture, le fourmilier peut visiter cent nids par jour.

Renard gris

Ce canidé sauvage ressemble au renard et au chacal. Il occupe une grande partie des pampas et son pelage change de couleur en fonction des saisons : jaune-rougeâtre l'été, il devient gris en hiver.

Chouette des terriers

Cette chouette a l'habitude de chasser de jour. Elle se pose sur des tas de terre et poursuit de petits animaux et des insectes en courant. Pour pondre, elle choisit un terrier creusé dans le sol.

Le désert du Sahara

Le plus grand désert au monde est un endroit torride et inhospitalier. Peu d'animaux résistent dans ses étendues de sable. Les espèces sont plus nombreuses en bordure des dunes.

Le dromadaire peut rester sans boire pendant des semaines.

Gerbille

Avec ses longues pattes arrière, la gerbille fait des bonds de plusieurs mètres de long pour échapper à ses nombreux prédateurs.

Fennec

Cette sorte de petit renard aux grandes oreilles chasse la nuit et repère ses proies grâce à son ouïe très fine.

Mouflon

Le mouflon à manchettes est une sorte de chèvre vivant dans les régions montagneuses. Il résiste très bien à la soif et trouve les liquides dont il a besoin dans les végétaux qu'il mange.

Le scarabée se nourrit des crottes des autres animaux.

Les locustes sont des criquets à la voracité redoutable. Quand un grand essaim se pose sur un terrain, il ne laisse derrière lui qu'une étendue désolée dont la végétation a entièrement disparu.

Les serpents forment les repas préférés de cet oiseau aux longues pattes.

La savane

Au sud du Sahara, les vastes étendues de la savane sont parsemées d'acacia, des arbres en forme de parapluie. Cette plaine abrite la plus grande variété d'animaux du continent africain.

Rhinocéros

Le rhinocéros noir est plutôt irritable et charge les intrus sans prévenir. Malgré sa grande taille, il est agile et rapide.

L'éléphant d'Afrique est le plus grand animal terrestre. Il peut peser plus de 7 tonnes. Chaque jour, il mange jusqu'à 150 kg d'herbes et de bourgeons et peut consacrer 16 heures à son alimentation.

Éléphant

Gazelle

Les gazelles de Thomson préfèrent rester en troupeau pour se protéger des prédateurs. Quand un gros félin approche, elles se mettent à bondir toutes en même temps pour lui échapper.

Autruche

Le plus grand oiseau au monde mesure plus de 2 m de haut et peut courir à 80 km/h.

Guépard

Le guépard peut atteindre une pointe de 100 km/h, mais il se fatigue rapidement et doit souvent abandonner la poursuite de ses proies.

Lion

Le roi de la savane a un rugissement si fort qu'on l'entend jusqu'à 8 km de distance. Paresseux et somnolent de jour, il commence à chasser après le coucher du soleil. Les femelles s'occupent généralement de la chasse tandis que le mâle défend son territoire contre les intrus.

Les forêts du Congo

Une forêt équatoriale luxuriante croît sur les berges du fleuve Congo. Elle est habitée par des herbivores, des oiseaux, des grenouilles et des animaux uniques.

Calao

Le bec de ce gros oiseau ressemble à la corne d'un bœuf et est surmonté d'une poche qui amplifie son cri.

L'hippopotame, le cheval des fleuves, est un gros mammifère vivant à proximité des fleuves et des lacs. Il passe une grande partie de ses journées à manger des plantes aquatiques.

Hippopotame

Okapi

Timide et toujours prêt à prendre la fuite, l'okapi vit caché au cœur de la forêt pour échapper au léopard, son principal prédateur. Ses pattes sont recouvertes par un pelage rayé caractéristique qui lui permet de se dissimuler dans la végétation.

Le pangolin est un animal cuirassé. Les grosses écailles qui recouvrent son corps le protègent des prédateurs pendant qu'il chasse les termites et les fourmis qui composent ses repas.

La grenouille géante peut mesurer 30 cm de long. Elle fait de très grands bonds.

De nombreux papillons et grenouilles peuplent le bassin du Congo.

Gorille

Ces grands singes vivent en groupes d'une trentaine d'individus. Chaque communauté est menée par un vieux mâle qui exige le respect des femelles et des jeunes.

Pangolin

Madagascar

L'île de Madagascar s'est détachée de l'Afrique il y a environ dix millions d'années. Une grande partie des animaux qui y vivent ne sont présents nulle part ailleurs. Les plus caractéristiques sont les lémuriens, des sortes de singes primitifs au pelage épais, généralement nocturnes.

Les grands nids des tisserins sont des chefs-d'œuvre pouvant mesurer plus d'un mètre de large. Généralement, c'est l'oiseau mâle qui s'occupe de la construction dans l'objectif d'attirer l'attention des femelles. La femelle dépose ensuite dans le nid les œufs dont sortiront les futurs oisillons.

Tisserin

Vari

Le vari, l'un des plus grands lémuriens, vit dans une région plutôt limitée de la forêt humide. Son pelage peut être rouge-brunâtre ou bien blanc avec de grandes parties noires. Il mange beaucoup de fruits et se déplace de jour. Quand il se sent menacé, il pousse des cris assourdissants pour effrayer ses prédateurs et ses rivaux.

Caméléon

Madagascar abrite presque les deux tiers des caméléons du monde. Ces animaux étranges peuvent changer de couleur, ce qui leur permet de se cacher parfaitement dans leur environnement naturel.

L'indri est le lémurien le plus grand et le plus bruyant.

Le maki catta fait la taille d'un chat et est le seul lémurien à descendre souvent à terre. On le reconnaît facilement à sa longue queue rayée. Les mâles marquent leur territoire grâce à des jets odorants et poussent des cris bruyants pour éloigner leurs rivaux.

Le cœlacanthe est un poisson qui n'a pas changé depuis des millions d'années.

Ce lémurien très paresseux n'est pas très grand. Il a un museau caractéristique, avec de petits yeux et des oreilles rappelant celles du renard. Les doigts de ses mains et de ses pieds sont longs et fins. Il les utilise pour attraper les larves dans leurs galeries.

La toundra gelée

Les régions les plus au nord de l'Amérique, de l'Europe et de l'Asie sont situées au-delà du cercle polaire arctique et sont extrêmement froides et inhospitalières. Peu d'animaux s'y aventurent, et ce uniquement pendant les courts mois d'été.

Bœuf musqué

Les bœufs musqués ont de redoutables cornes pour se défendre contre les prédateurs. Si une meute de loups les attaque, les adultes se mettent en rond, épaule contre épaule, et abritent les petits, qui se cachent à l'intérieur du cercle.

Quand il est affamé, le glouton peut parcourir plus de 50 km à la recherche de nourriture. Cet animal n'est pas très grand, mais c'est un prédateur redoutable en raison de son agressivité. Il peut se battre avec des loups pour de la nourriture et abattre une proie de la taille d'un caribou.

Harfang des neiges

Cette chouette vole silencieusement à la recherche de lemmings, de petits rongeurs. Elle peut en capturer une dizaine par jour.

Glouton

Le lemming est un petit rongeur qui vit en colonies très peuplées. Tous les trois ou quatre ans, le nombre d'individus augmente et plusieurs milliers de lemmings doivent quitter les nids.

De nombreux petits animaux vivent dans des terriers dans le sol.

Les rennes mâles et femelles ont de longs bois avec des ramifications. Grâce à leurs grands sabots, ils peuvent marcher sur la neige et gratter la surface gelée pour manger de la mousse et des lichens.

En été, le jour dure 24 heures, ce qui favorise la floraison des plantes et des lichens, une nourriture abondante pour des millions d'insectes et d'oiseaux qui viennent pondre à ces latitudes.

Taïga, steppe et Bactriane

Le nord du continent asiatique est occupé par une forêt de conifères qui laisse progressivement la place à une prairie battue par les vents, la steppe. Plus au sud se trouve le désert de la Bactriane, où le climat est torride et très aride.

Mésange lapone

Cette mésange reste dans la forêt de conifères même en hiver. La nuit, sa température descend et son rythme cardiaque ralentit afin qu'elle économise son énergie.

Écureuil volant

Cet écureuil semble réellement voler entre les arbres. En effet, une membrane de peau tendue entre ses poignets et ses chevilles lui permet de faire de grands bonds et de « planer » d'un arbre à l'autre.

Onagre

Également appelé âne sauvage, l'onagre vit dans la steppe désertique. Au galop, il est aussi rapide qu'un cheval, mais il est aussi très robuste et il résiste bien à la soif.

Au printemps, cet oiseau bâtit son nid dans les bouleaux et les mélèzes de la taïga. Puis il part vers le sud pour y passer l'hiver.

Jaseur boréal

Bec-croisé

Grâce à son puissant bec, le bec-croisé des sapins peut ouvrir les pommes de pin pour en extraire les graines qu'il consomme. Un groupe de becs-croisés reste dans une zone de reproduction pendant quelques années avant de migrer dans une autre partie de la forêt.

Le chameau se reconnaît facilement car il a deux bosses sur le dos. Il résiste très bien au froid et à la chaleur et il peut se passer d'eau pendant de longues périodes.

Saïga

Le grand nez du saïga ressemble à la trompe d'un éléphant. Il contient de nombreux poils très denses qui filtrent l'air pour retenir le sable et la poussière de la steppe.

Chameau

Au sommet de l'Himalaya

Durant le bref été, les animaux grimpent le long des versants de l'Himalaya jusqu'à la toundra située sous les sommets. La floraison des herbes et des rhododendrons attire de nombreux insectes et bien d'autres animaux. Certains ont d'épaisses fourrures pour se protéger du froid, mais ils redescendent dans les vallées ou hibernent presque tous quand les premières neiges arrivent.

Le petit panda, aussi appelé panda roux, vit dans les épaisses forêts au pied des montagnes. Il fait la taille d'un gros chat et il passe ses journées caché entre les branches des arbres, auxquelles il grimpe aisément. Il devient actif la nuit pour chercher des fruits, des bourgeons et des feuilles. Son épaisse fourrure rousse et dorée est noire au niveau des pattes et du ventre.

Petit panda

Ce robuste bovin pouvant mesurer 2 m de haut est le plus grand animal des montagnes d'Asie. Son épais pelage tombe quasiment jusqu'à ses pieds et le protège du vent glacial et des tempêtes de neige. Il se déplace lentement à la recherche des rares herbes qu'il trouve entre les rochers, mais il se contente aussi de tubercules et de lichens.

Yak

L’ours noir d’Asie est particulièrement actif à l’automne. Il cherche en effet sa nourriture avant d’hiberner pendant les longs mois d’hiver. Il a le poil sombre et brillant avec une tache claire sur le cou. Comme tous les ours, il peut grimper aux arbres pour chercher du miel et il nage très bien.

Ours à collier

Aussi appelée irbis, la panthère des neiges vit entre 2 000 et 5 000 m d’altitude. Son épaisse fourrure la protège du froid intense et ses pattes épaisses lui permettent de ne pas s’enfoncer dans la neige. Ses proies préférées sont les moutons et les chèvres sauvages, qu’elle suit quand ils se déplacent pour se nourrir.

Panthère

La jungle indienne

La partie sud de l'Asie est arrosée par la mousson, des pluies saisonnières très fortes. Elle possède de vastes bois et une luxuriante forêt tropicale où vivent des tigres, des léopards, des éléphants, des rhinocéros, des singes et de nombreux oiseaux.

Tigre

Le tigre est le plus grand félin et le plus redoutable prédateur d'Asie. Il dort et se repose la journée et chasse après le coucher du soleil. Sa fourrure rayée lui permet de se cacher dans la végétation quand il approche de ses proies.

L'éléphant d'Asie est plus petit que celui d'Afrique et a des oreilles et des défenses plus petites.

Cobra

Le venin du cobra est si puissant qu'il peut tuer un être humain en dix minutes. Quand il se sent menacé, il gonfle le cou.

Orang-outan

Il a des bras très longs et musclés qui lui permettent de se déplacer facilement entre les arbres. Au sol, il peut marcher à quatre pattes ou debout. Très vif et curieux quand il est petit, il devient plus paresseux avec l'âge.

Le plataniste est un dauphin d'eau douce presque aveugle.

Paon

Durant la saison des amours, le paon mâle fait la roue avec sa longue queue colorée.

Les mangoustes affrontent courageusement les cobras.

Bornéo

Les myriades d'îles de l'Asie du Sud-Est sont situées près de l'Équateur. Le climat est chaud, tant l'hiver que l'été, et les pluies sont abondantes, ce qui favorise la croissance de forêts où vivent d'étranges animaux.

Nasique

Le nasique est un singe caractéristique de la mangrove, un type de forêt. Le mâle a un très grand nez qui se gonfle quand il se sent menacé et qui amplifie les cris d'alarme destinés à mettre le groupe en garde.

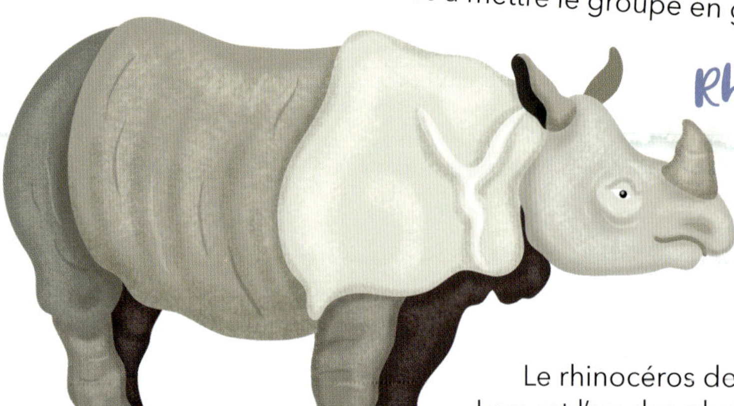

Rhinocéros

Le rhinocéros de Java est l'un des plus petits d'Asie. Il a une seule corne assez petite et une peau plutôt dure qui lui sert de cuirasse. Comme tous les rhinocéros, il vit près des cours d'eau et se baigne souvent.

Dragon de Komodo

L'île de Komodo est habitée par un énorme lézard pouvant mesurer plus de 3,5 m de long, le varan. Il ressemble aux dragons des légendes. Sa langue fourchue lui permet de repérer l'odeur de ses proies.

De nombreux habitants de la jungle vivent dans les branches et ne descendent jamais au sol.

La nuit, de nombreuses chauves-souris volettent dans le ciel.

Tapir

Le tapir à chabraque est timide et docile. Il vit caché au cœur de la forêt. Son long nez lui permet de cueillir des fruits et des bourgeons.

Chauve-souris bourdon

Cette chauve-souris minuscule ne vit que dans quelques zones de la forêt pluviale thaïlandaise.

L'Australie

L'isolement de l'Australie a favorisé l'évolution d'animaux étranges qui ne vivent que dans cette grande île.

Casoar

Cet oiseau ne peut pas voler, mais il court très vite grâce à ses pattes robustes. Sa tête bleue et plutôt petite porte une sorte de casque en os.

Lézard à collerette

Ce gros lézard a une membrane de peau autour du cou qu'il déploie pour effrayer ses ennemis. Quand on l'attaque, il ouvre la bouche et feule comme un chat.

Kangourou

Le kangourou, symbole de l'Australie, peut mesurer 3 m de long et faire des bonds de 9 m. Après leur naissance, les petits se glissent dans la poche de la mère, où ils restent pendant huit à neuf mois.

Perruche

La perruche ondulée est un petit oiseau au corps long et élancé qui vit et niche en groupe.

Le nord de l'île est recouvert par une forêt tropicale.

Koala

Ce sympathique marsupial se nourrit seulement des feuilles de certains types d'eucalyptus. Long de 70 cm environ, il grimpe avec agilité entre les branches grâce à ses doigts.

Diable de Tasmanie

Il a le poil noir, le corps trapu et un cri épouvantable. Malgré tout, cet animal est plutôt timide et prend la fuite s'il voit des humains.

La barrière de corail

La plus grande barrière de corail au monde longe la côte nord-ouest de l'Australie. D'autres barrières se trouvent dans les eaux chaudes au large de l'Amérique Centrale et de l'Afrique de l'Est. Les minuscules coraux y déposent leurs squelettes depuis des siècles.

Des milliards d'espèces de poissons vivent autour des barrières de corail.

Raie

Les raies vivent près de la barrière, tout comme les requins, les mollusques, les murènes, les éponges et des poissons aux couleurs vives. Les plus petits se déplacent en groupe pour désorienter les prédateurs. D'autres espèces préfèrent se cacher.

Rascasse

Les nageoires de la rascasse se terminent par de longs pics pouvant injecter un venin, une arme très commune chez les poissons de la barrière de corail.

Tortue

Les tortues nagent à la recherche de leurs proies, de petits poissons.

Langouste

Les barrières de corail se forment dans des eaux chaudes et peu profondes.

Les plantes situées près de la surface reçoivent la lumière du soleil.

Poisson-clown

Le poisson-clown a une stratégie de fuite assez dangereuse. Pour échapper à ses ennemis, ce petit poisson aux couleurs vives se cache dans les tentacules de l'anémone de mer, qui est venimeuse. En échange de cette protection, il aide l'anémone à capturer d'autres petits poissons, qu'il attire dans ce piège mortel.

L'Arctique

Autour du pôle Nord, l'océan est recouvert de glace toute l'année. Les eaux entourant cette banquise sont riches en plancton, le premier maillon de la chaîne alimentaire des poissons, des phoques et des oiseaux.

Orque

L'orque est le plus grand dauphin et le plus redoutable prédateur marin. Un mâle adulte peut peser huit tonnes et mesurer 10 m de long. Malgré sa masse, c'est un animal agile qui peut nager à 45 km/h.

Ours blanc

L'ours polaire est un des plus grands chasseurs du Nord. Il domine la banquise. Il se déplace aisément sur la glace et dans l'eau et il peut nager pendant de longues périodes. Ses proies préférées sont les phoques.

Loup

Les loups vivent en meutes à l'organisation sociale rigide. Les dominants maintiennent leur statut en grognant et en gardant les oreilles bien droites. Durant la chasse, les membres du groupe restent en contact grâce à leurs hurlements.

Le macareux moine a un bec très coloré et passe l'été dans les régions arctiques. Les couples viennent y nicher à cause des grandes quantités de crustacés, de mollusques et de petits poissons qui peuplent ces eaux.

Les phoques creusent leur tanière dans la banquise, là où la glace est plus fine.

Des bancs de cabillauds peuplent ces eaux froides riches en nourriture.

Le narval mâle a une longue dent qui dépasse de sa lèvre supérieure. Elle peut mesurer jusqu'à 3 m de long, mais on en ignore le rôle. S'il ressemble à un poisson, le narval est en réalité un mammifère bien adapté à son environnement.

L'Antarctique

Peu d'animaux réussissent à survivre dans le continent le plus froid et le plus isolé au monde. Ils vivent le long des côtes baignées par des eaux froides et riches de petites crevettes, la nourriture des poissons, des baleines, des phoques, des manchots et des oiseaux.

La sterne arctique vole très bien et accomplit de longues migrations qui la mènent des régions polaires jusqu'au sud de l'Afrique, de l'Asie et de l'Amérique. Elle mesure environ 40 cm de long et a le plumage blanc cendré.

Sterne

Les puffins passent beaucoup de temps en vol et ne se posent que pour nicher.

Puffin

Manchot empereur

Le manchot empereur est le plus grand manchot. Il est aussi le seul capable de survivre en Antarctique en hiver grâce à son épaisse couche de graisse. Durant les mois les plus froids et sombres, les mâles se réunissent en groupes pour se protéger du froid. Ils couvent leurs œufs en les tenant toujours au chaud entre leurs pattes.

Manchot d'Adélie

Le manchot d'Adélie est un des plus petits et gracieux manchots des côtes antarctiques. Il vit en grandes colonies au bord de la banquise et il se rend souvent en mer pour chercher sa nourriture.

Éléphant de mer

Labbe antarctique

L'éléphant de mer adulte peut peser jusqu'à quatre tonnes. Les mâles défendent leur territoire en se battant furieusement avec leurs rivaux.

Ce rapace de la taille d'une mouette vole vers l'Antarctique durant les mois d'été, quand les autres oiseaux s'y sont déjà installés pour se reproduire. Il est très agressif et peut se nourrir d'œufs et de poussins volés dans les nids d'autres oiseaux.

Près des côtes et au large

Les océans recouvrent plus de 70 % de la surface terrestre. Ces vastes étendues d'eau accueillent généralement peu d'espèces, les animaux se réunissant près des côtes, où la présence de sels minéraux favorise la pousse des algues, premier maillon de la chaîne alimentaire.

Le dauphin ressemble à un poisson, mais c'est un mammifère adapté à la vie marine. Long de 2 m environ, il est un excellent nageur et peut bondir hors de l'eau. Il se déplace en groupe et chasse les poissons et les calamars.

Quand il bondit hors de l'eau, ce poisson déploie ses nageoires et peut planer sur des dizaines de mètres. Il utilise cette technique pour échapper aux prédateurs.

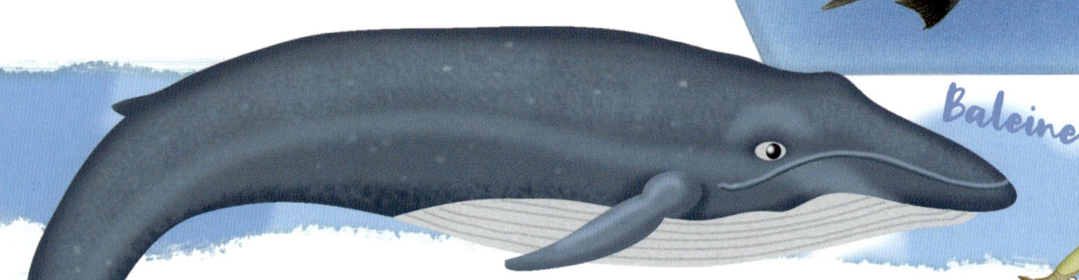

La baleine bleue est le plus grand animal au monde : elle pèse 170 tonnes et mesure plus de 30 m de long. Elle fait partie de la famille des cétacés, des mammifères ayant choisi la vie marine il y a des millions d'années. Malgré sa taille, elle se nourrit de krill, de minuscules crevettes.

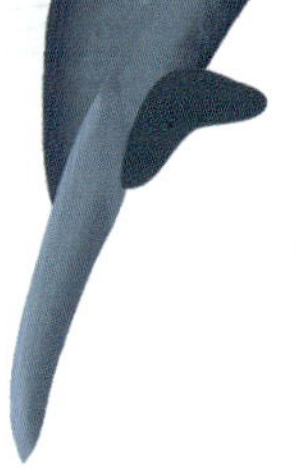

Albatros

Avec ses 3,5 m d'envergure, l'albatros hurleur est le plus grand oiseau marin. Il peut voler pendant des heures et parcourir des centaines de kilomètres sans se poser.

Thon

Le thon est un grand vagabond et un excellent nageur. Il peut atteindre les 60 km/h.

Requin

Il existe plus de 350 espèces de requins de toutes les tailles. Ces animaux très anciens n'ont pas changé depuis des millions d'années.

Requin-marteau

Grâce à la forme de sa tête, le requin-marteau a les yeux placés loin sur les côtés de son corps. Cela lui permet de mieux voir ses proies, même quand il se cache sur le fond pour chasser.

Ce petit poisson est très féroce.

Les abysses

Froids et sombres, les abysses constituent l'environnement le plus mystérieux et hostile de la planète. La lumière du soleil n'atteignant pas ces profondeurs, il n'y a ni algues ni végétaux. D'étranges poissons ont toutefois réussi à s'adapter à cet environnement et à le coloniser. Ils émettent souvent de la lumière grâce à des organes spéciaux. Certaines espèces sont transparentes pour passer inaperçues.

Ce poisson porte sur la tête un filament lumineux qui lui permet de pêcher. Il remue son appât dans l'obscurité et les proies se jettent pratiquement dans sa gueule.

Le calamar géant vit à des centaines de mètres de profondeur et projette une sorte d'encre fluorescente pour éclairer ses proies. Malgré l'obscurité, il doit se déplacer avec précaution car le cachalot, son ennemi, peut le repérer grâce aux ultrasons.

Les poissons prédateurs sont présents jusqu'à 2 000 m de profondeur.

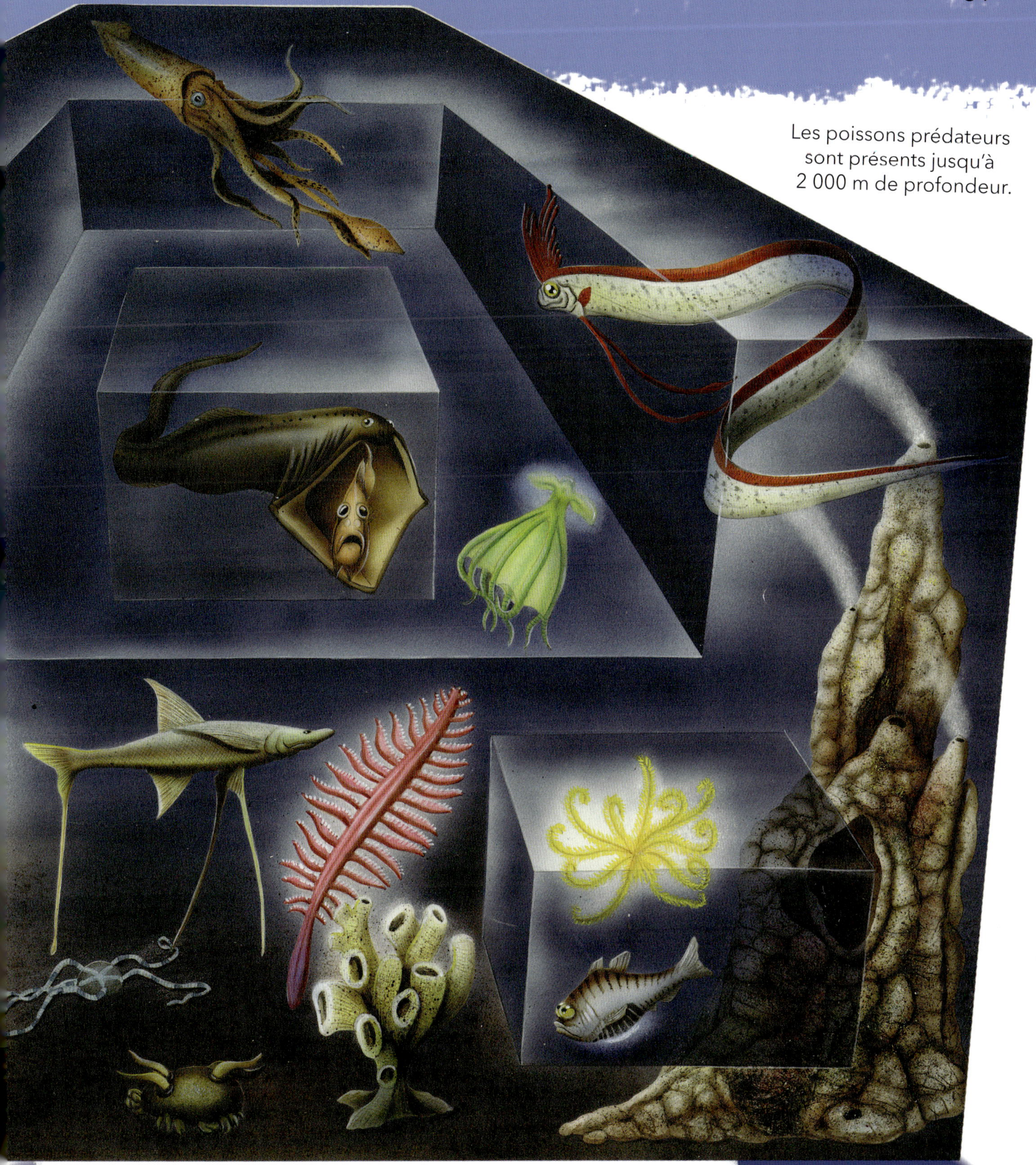

Le poisson-ruban peut mesurer plusieurs mètres de long. Il vit dans les eaux très profondes de l'Atlantique. Il a une grande tête, des yeux énormes, un squelette en cartilage et une très longue queue. La première nageoire dorsale est munie de glandes vénéneuses et peut se révéler très dangereuse.

Table des matières